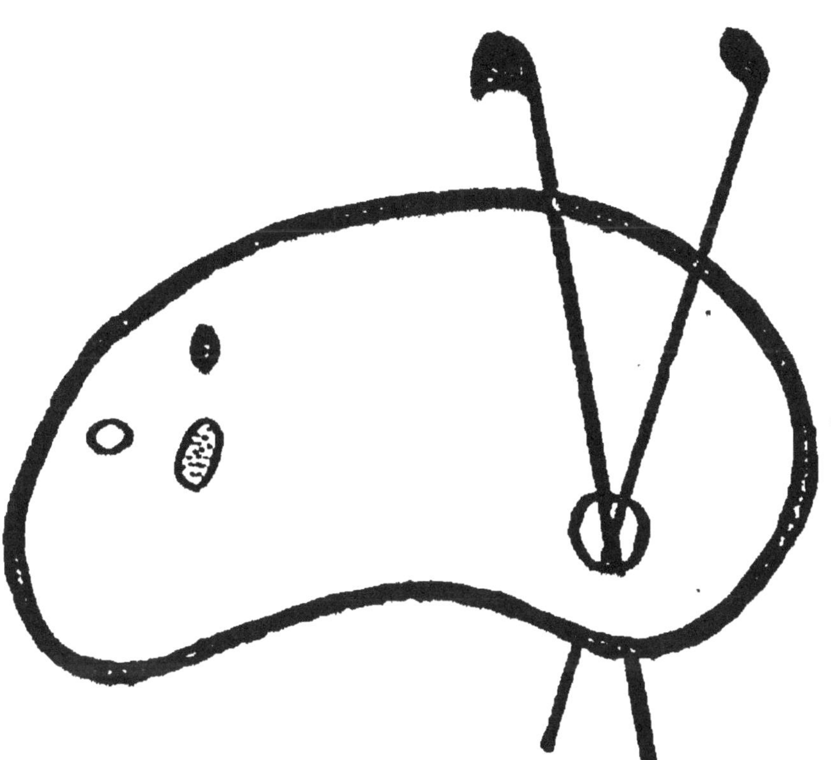

DEBUT D'UNE SERIE DE DOCUMENTS
EN COULEUR

NOTES SUR L'HISTOIRE

DE LA

MARCHE LIMOUSINE

IV

LE COMTÉ DE LA MARCHE ET LE TRAITÉ DE BRÉTIGNY

PAR

ANTOINE THOMAS

Extrait de la *Revue historique*,
Tome LXXVI, année 1901.

(Les tirages à part ne peuvent être mis en vente.)

PARIS
1901

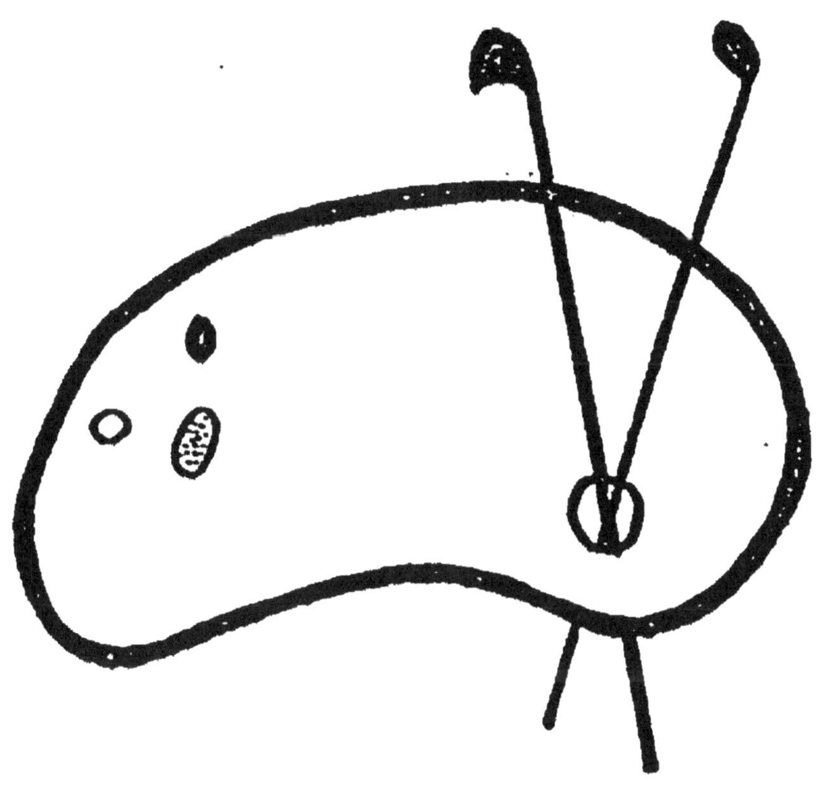

FIN D'UNE SERIE DE DOCUMENTS
EN COULEUR

NOTES SUR L'HISTOIRE

DE LA

MARCHE LIMOUSINE

IV

LE COMTÉ DE LA MARCHE ET LE TRAITÉ DE BRÉTIGNY

PAR

ANTOINE THOMAS

Extrait de la *Revue historique*,
Tome LXXVI, année 1901.

(Les tirages à part ne peuvent être mis en vente.)

PARIS
1901

LE COMTÉ DE LA MARCHE

ET

LE TRAITÉ DE BRÉTIGNY.

Le comté de la Marche n'est pas nommé dans le traité de Brétigny[1]. M. Longnon en a conclu que la Marche ne devait pas être comptée au nombre des fiefs abandonnés par le roi de France au roi d'Angleterre[2]. Sa doctrine est acceptée par MM. Cyprien Pérathon[3], Moisant[4] et Clément-Simon[5]. Quant à M. Alfred Leroux, il écrit prudemment : « Il y a doute pour la Marche ; M. Longnon l'attribue aux Anglais, M. Ant. Thomas au roi de France[6]. » Ai-je exprimé, je veux dire imprimé, quelque part, incidemment, l'opinion que mon ami Alfred Leroux m'attribue ? Il ne m'en souvient pas. En tout cas, cette opinion est bien la mienne. En présence de l'autorité de quelques-

1. On sait que le traité conclu à Brétigny, le 8 mai 1360, fut ratifié solennellement à Calais, le 24 octobre suivant. Nous prenons pour base le texte de la ratification, tel qu'il a été publié en dernier lieu par M. Cosneau, *les Grands traités de la guerre de Cent ans*. Paris, Picard, 1899.

2. *Atlas historique de la France*, texte, p. 256, note ; reproduit dans Schrader, *Atlas de géographie historique*, carte, n° 28. — M. Longnon ne vise que la Basse-Marche, c'est-à-dire « le tronçon occidental et à demi poitevin du comté de la Marche, » comme si la conservation par le roi de France de l'hommage de la Haute-Marche était au-dessus de toute discussion. Dans ses cartes, la Haute-Marche est laissée en dehors de la Guyenne et la Basse-Marche forme une enclave française dans les possessions anglaises.

3. *Les Anglais dans la Marche*, article paru dans les *Mém. de la Soc. des sciences naturelles et archéologiques de la Creuse*, t. VIII (1893), p. 30.

4. *Le Prince Noir en Aquitaine* (1894), p. 76.

5. *La Rupture du traité de Brétigny et ses conséquences en Limousin*, article paru dans le *Bull. de la Soc. des lettres, sciences et arts de la Corrèze* (Tulle) en 1898, p. 18, n. 2 du tirage à part.

6. *Le Massif central* (1898), t. I, p. 188, n. 1.

uns des savants qui sont d'une opinion contraire, je considère que j'ai le devoir de la défendre[1].

Que dit le texte du traité de Brétigny? Parmi les pays cédés à l'Angleterre, nous y trouvons mentionnés expressément « la citeé, le chastel et la conté de Poictiers et toute la terre et le pais de Poitou, » et « la citeé et le chastel de Limoges et la terre et le pais de Limousin. » Le traité ajoute un peu plus bas : « Et se il y a aucuns seigneurs, comme le conte de Fois, le conte d'Armignac, le conte de Lisle, le conte de Pierregort, le vicomte de Limoges, *ou autres*, qui teignent aucunes terres ou lieux dedens les metes desdiz lieux, il feront hommage au roy d'Angleterre et touz autres services et devoirs deus à cause de leurs terres ou lieux[2]. » Il est clair que le silence du texte en ce qui concerne le comte de la Marche ne préjuge pas la question de savoir si ce grand feudataire devait désormais faire hommage au roi d'Angleterre ou non. En revanche, le fait que la Marche, partagée entre le diocèse de Limoges et le diocèse de Poitiers[3], était « dedens les metes » des provinces cédées à l'Angleterre, ne saurait faire question. Il faut donc conclure que le texte du traité de Brétigny implique, en droit, l'idée que le comte de la Marche doit faire hommage au roi d'Angleterre.

Que se passa-t-il, en fait, au moment de la mise à exécution du traité? Il est étonnant, il faut l'avouer, que dans la liste des hommages reçus en 1363 par le prince de Galles, comme duc de Guyenne, on ne trouve pas trace de celui du comte de la Marche[4]. Le possesseur de ce fief était alors Jean de Bourbon, devenu comte par la mort presque simultanée de son père Jacques et de son frère aîné Pierre, décédés des suites des blessures qu'ils avaient reçues à la bataille de Brignais, livrée le 6 avril 1362. Que Jean de Bourbon ne se soit pas empressé de faire l'hommage auquel il était tenu, ce n'est pas merveille, après tout. On sait avec quelle répugnance la domination

1. La question n'est pas même soulevée dans la seule *Histoire de la Marche* que nous possédions, celle de Joullietton, parue à Guéret en 1814. — Je m'aperçois au dernier moment que mon confrère M. Paul Guérin partage mon opinion, à en juger par une phrase écrite par lui en 1888, *Arch. hist. du Poitou*, t. XIX, p. 15, note sur Louis de Malval.

2. Cosneau, p. 40 et 41.

3. Quelques paroisses seulement appartenaient au diocèse de Bourges, savoir : Aigurande (Indre), Bazelat (Creuse), Chantôme (Indre), la Chapelle-Baloue (Creuse), Crozant (Creuse), Montchevrier (Indre), Saint-Plantaire (Indre), Saint-Sébastien (Creuse) et Vouhet (Indre). Plusieurs d'entre elles ne relevaient, d'ailleurs, qu'en partie du comté de la Marche.

4. J. Delpit, *Collection générale des documents français qui se trouvent en Angleterre* (1847), p. 86 et suiv.

anglaise fut acceptée par beaucoup de ceux qui eurent à la subir. Celui dont le grand-père était mort à Maupertuis, dont le père et le frère venaient de disparaître dans le désastre de Brignais, devait trouver bien dur de devenir, en vertu du traité de Brétigny, le vassal du Prince Noir. Il s'y résigna cependant. Nous ignorons la date à laquelle il fit hommage, mais l'hommage fut fait. Charles V lui-même, dans des lettres patentes datées du 28 décembre 1371, rappelle que, « parmi le traitié fait ja pieça avec le roy d'Angleterre, le conte de la Marche fist hommage de ladite conté au prince de Galles[1]. » Le souvenir du même fait est conservé dans un mémoire rédigé au xve siècle, au cours du procès intenté par la branche aînée de la maison de Bourbon à la branche cadette au sujet de la propriété du comté de la Marche. Dans ce mémoire, on lit : « Après le trespassement de messire Jaques, conte de la Marche, succeda Jehan, son filz, qui fut sommé par le roy d'Angleterre de luy faire foy et hommage ; ce qu'il fist par l'ordonnance du roy Jehan, combien que par avant l'eust faicte au roy Jehan[2]. »

Voilà qui est catégorique, et je pourrais m'en tenir là. Mais je voudrais encore grouper un certain nombre de faits qui sont comme les preuves palpables de la situation légale de la Marche depuis le traité de Brétigny jusqu'à la rupture entre la France et l'Angleterre. Il est si difficile de se renseigner sur l'histoire de cette pauvre province dans les ouvrages imprimés jusqu'ici, qu'on me saura peut-être gré de signaler quelques-uns des documents inédits qui la concernent pendant cette période critique.

En 1362, le comté de la Marche avait pour gouverneur Louis de Malval, seigneur de Châtelus-Malvaleix[3]. Nous voyons que le sénéchal de Limousin, officier du prince de Galles, adresse des lettres missives au gouverneur de la Marche et que celui-ci se rend aussitôt à Limoges auprès du sénéchal anglais. Peu de temps après, le même Louis de Malval ayant décidé sa cousine Héliette de Prie à lui faire donation de ses seigneuries, qui relevaient presque toutes du comte de la Marche et que celui-ci avait fait saisir, le prince de Galles lui abandonne les droits qui pouvaient lui appartenir comme seigneur suzerain. Au

1. Voy. nos *Pièces just.*, IX.

2. Arch. nat., P 1363[2], cote 1200 ; pièce non datée ni signée, cotée au dos : *Memoria super comitatu Marchie.* J'en dois la connaissance à l'obligeance de M. F. Chambon, attaché à la bibliothèque de l'Université de Paris.

3. Sur ce personnage, qui a joué un rôle important dans le retour de la Guyenne à la France et dont nous aurons occasion de reparler, on peut consulter une bonne notice de M. Gabriel Martin dans les *Mém. de la Soc. des sciences naturelles et archéologiques de la Creuse*, t. VI (1890), p. 296 et suiv.

mois de janvier 1366, au moment de la mort d'Héliette de Prie, survenue au château de Malval[1], Louis de Malval était absent de la Marche et se trouvait aux côtés du prince de Galles. En 1368, Gui de Chauvigny accuse Louis de Malval d'avoir employé la violence pour obtenir la donation d'Héliette de Prie; il le fait assigner aux assises du sénéchal anglais de Limoges[2]. Enfin, quelque temps auparavant, Étienne de Montruc et sa femme, Marguerite de Meauce, avaient porté plainte auprès du prince de Galles contre le même Louis de Malval, qu'ils accusaient de détenir injustement le château de Genouillat[3], dont ils revendiquaient la propriété; cette affaire donna lieu à une longue procédure, au cours de laquelle le roi d'Angleterre lui-même dut intervenir à deux reprises, le 7 février et le 20 avril 1367[4].

Après avoir épuisé le dossier de Louis de Malval, voyons celui de Jean de Rochefort, sire de Châteauvert[5].

En 1364, un malfaiteur nommé Courtezo, qui avait commis plusieurs crimes dans la seigneurie de Châteauvert, mouvante du comté

1. Cant. de Bonnat, Creuse.

2. Tous ces faits sont empruntés au prononcé d'un jugement au criminel rendu par le Parlement de Paris, le 2 septembre 1385, entre Gui de Chauvigny et Louis de Malval (Arch. nat., X² A 11, fol. 187-192), que M. P. Guérin a le premier signalé (*Arch. hist. du Poitou*, XIX, p. 45 et 93). — Voici le texte des passages visés : « Mense novembris qui fuit anno Domini millesimo CCC° sexagesimo secundo, Ludovico de Malavalle existente locum tenente, capitaneo et gubernatore comitatus de Marchya, dicte terre ad manum comitis de Marchia posite fuerant... Senescallus tunc Lemovicensis pro principe Wallie per suas litteras dicto Ludovico mandaverat ut penes ipsum Lemovicis accederet festinanter..., et cum dictus Ludovicus a dicto senescallo reversus fuerat... Idem comes [de Marchia] omnia jura et omnes actiones que sibi adversus dictam Helyetam competebant dicto Ludovico donaverat et pari forma dictus princeps [Wallie] omnia jura sibi in predictis terris et suis pertinenciis et potissime in terra de Brigello, que ab ipso principe teneri dicebatur, competentia dicto Ludovico donaverat... Mense januarii anno Domini M° CCC° LX° quinto, dicto Ludovico a partibus tunc absente et penes dictum principem tunc existente... Dictus Ludovicus ad procedendum super hoc coram senescallo tunc Lemovicensi, ad hoc per dictum principem commisso, fuerat in assisiis Lemovicensibus, que fuerunt anno Domini M° CCC° LX° VIII°, sufficienter adjornatus... »

3. Cant. de Châtelus-Malvaleix, Creuse.

4. Public Record Office, Vascon Rolls, Edward III, ann. 41, membr. 6. — Ces deux actes, qui ne font guère que se répéter, ont été analysés par M. Moisant, *loc. cit.*, p. 102; mais cet auteur n'a su identifier ni Louis de Malval (qu'il appelle *de Maueal*), ni le château de Genouillat (qu'il confond avec *Jullac*, près de Castillon), ni Étienne de Montruc, frère du cardinal Pierre de Montruc (qu'il appelle *de Montroux*), ni Marguerite de Meauce, Nièvre (qu'il appelle *de Mense*).

5. Comm. de Saint-Martial-le-Vieux, cant. de la Courtine, Creuse.

de la Marche, fut arrêté et emprisonné au château d'Aubusson. Il réussit à s'échapper. Le sire de Châteauvert, apprenant qu'il s'était réfugié à Ussel, s'y rend en force, s'empare de sa personne et se met en devoir de le ramener en prison. Mais, en route, Courtezo saisit par surprise une épée et cherche à reconquérir sa liberté; il est tué dans la mêlée. A qui s'adresse le sire de Châteauvert? Au prince de Galles, qui lui octroie des lettres de rémission, expédiées à Limoges le 8 mai 1364 [1]. L'année suivante, c'est aussi au prince de Galles que Jean de Rochefort a recours pour faire contraindre les hommes de l'ordre de Saint-Jean de Jérusalem qui résidaient sur ses terres à venir faire le guet à Châteauvert [2].

Les faits et gestes de Louis de Malval et de Jean de Rochefort sont probants pour la Haute-Marche. Voici maintenant qui va nous édifier sur la Basse-Marche. Jean Chandos se trouvait à Poitiers le 25 novembre 1361 et se préparait à aller prendre possession du Limousin, au nom du roi d'Angleterre, quand il apprit que cette province était occupée par des routiers bretons, qui prétendaient s'opposer à l'accomplissement de sa mission. Il convoqua alors le ban de Poitou et réunit ainsi un millier de combattants, auxquels il donna rendez-vous à Bellac, en pleine Basse-Marche. Il resta dans cette dernière ville, au milieu de cette petite armée, du 3 au 6 décembre [3]. Comment aurait-il pu agir ainsi si la Basse-Marche était restée sous la suzeraineté du roi de France? Mentionnons enfin les lettres de sauvegarde accordées, le 23 mai 1367, par le prince de Galles à l'abbaye de Charroux, en Basse-Marche [4].

Il ne nous reste plus qu'à raconter l'épilogue de la domination anglaise sur la Marche et à montrer quelle fut la politique du comte de la Marche et de ses principaux feudataires quand le célèbre appel du comte d'Armagnac eut remis sur le tapis la question de la souveraineté, qu'on avait laissée sommeiller depuis le traité de Brétigny, et qu'il fallut prendre parti pour ou contre le roi de France.

C'est à Froissart lui-même qu'il faut s'adresser en ce qui concerne le comte de la Marche. « En ce temps, nous dit-il, estoit venus à Paris

1. Arch. nat., P 1269², cote 1758 *bis*. — Ces lettres ont été publiées dans les *Titres de la maison de Bourbon*, n° 2896, et réimprimées par M. Péralbon dans le mémoire cité ci-dessus, *Mém. de la Soc. des sciences de la Creuse*, t. VIII, p. 45.

2. Arch. nat., P 1369², cote 1758 *ter*. — Ces lettres, datées d'Angoulême le 5 mai 1365, sont analysées dans les *Titres de la maison de Bourbon*, n° 2916.

3. *Procès-verbal de délivrance, à Jean Chandos, des places françaises*, publié par Bardonnet, p. 68-70.

4. Bibl. nat., lat. 18379, p. 437.

li contes de le Marce, messires Jehan de Bourbon, d'un lés, qui tenoit sa terre dou prince, et volentiers euist veu li rois de France qu'il euist renvoiiet son hommage au prince et fust demorés François, mais li dis contes n'en volt adonc riens faire; et ossi ne fist li sires de Pierebufiere, uns banerés de Limozin, qui estoit là à Paris sus cel estat[1]. » La dernière rédaction de Froissart, celle du manuscrit d'Amiens, n'est pas moins catégorique : « Doy grant baron de Limozin estoient en ce tamps venu à Paris et y sejournoient tout quoi, en tretiet et en pourkac que d'iaux tourner Franchois : si estoient chil messires Locys de Melval et messires Raimmons de Maroel, ses nepveus. Quant chil doi baron sceurent la mort de monsigneur Jehan Camdos..., chil doi baron dessus noummet se tournerent Franchois... Encorres par leur enhort furent mandé de par le roy de Franche, sus bon sauf conduit, messires Jehans de Bourbon, contes de le Marche, qui estoit homs feaux dou prince, et li sires de Pierebufiere, marchissant en Limozin. Quant il furent venus à Paris, li roys leur fist bonne chiere, et sejournerent ung grant tamps dallés lui; si furent en ce sejour dou consseil dou roy mout priiet et preechiet que eulx se volsissent tourner Franchois; mes adonc ilz ne le fissent mies et s'en retournerent arriere en Limozin[2]. »

M. Clément-Simon, qui croit avec M. Longnon que la Marche n'avait pas été cédée aux Anglais, s'est senti fort embarrassé par ce passage de Froissart, qui ne lui a pas échappé. Il a cherché à se tirer d'embarras en disant « qu'il s'agissait de donner la Marche à l'Anglais en remplacement d'autres terres[3]. » Ce n'est qu'un faux-fuyant.

Froissart est absolument dans le vrai, nous l'avons établi, quand il dit que le comte de la Marche était « homs feaux dou prince. » Faut-il le croire aussi quand il nous montre Jean de Bourbon résistant à la pression du roi de France, même après la mort de Jean Chandos, survenue le 2 ou le 3 janvier 1370, et restant encore fidèle à la cause du Prince Noir? Je n'y vois pas d'empêchement. Peu importe que Froissart se trompe en déclarant que c'est la mort de Chandos qui a décidé Louis de Malval et Raymond de Mareuil à se rallier au parti français. Si nous savons de bonne source que ces deux seigneurs avaient adhéré à l'appel du comte d'Armagnac dès le mois de juin 1369, puisque Siméon Luce a signalé leurs lettres

1. *Froissart*, éd. Luce, t. VII, p. 209.
2. Éd. Luce, t. VII, p. 397.
3. *La Rupture du traité de Brétigny*, p. 18, n. 2. — M. Clément-Simon avance que le comte de la Marche « était lieutenant général du roi dans la province *depuis* 1367. » Mais c'est par suite d'un malentendu.

d'adhésion[1], nous ne trouvons aucune trace, avant 1370, d'une démarche analogue de la part de Jean de Bourbon, comte de la Marche. Ce dernier ne paraît s'être décidé à franchir le pas qu'au moment où le duc de Berry se préparait à envahir le Limousin, en août 1370. Le 5 de ce mois, le duc de Berry reçoit un messager de Jean de Bourbon et le fait repartir aussitôt pour retourner auprès de son maître[2]; le 12, il lui dépêche un autre messager[3], et nous voyons que, le 16, le comte de la Marche était à Dun-le-Palleteau, où il jouait à la paume avec le duc de Berry[4]. Ce n'était pas seulement pour cela, j'imagine, qu'on l'avait fait venir. Jean de Bourbon fit dès lors cause commune avec l'armée française, et, bien que Froissart ne le nomme pas parmi les seigneurs qui accompagnèrent le duc de Berry dans la chevauchée de Limousin, nous savons par un procès-verbal authentique qu'il prit part officiellement, avec le duc de Berry, le duc de Bourbon et le maréchal de Sancerre, aux négociations qui amenèrent, le 24 août, la reddition de la cité de Limoges au roi de France[5]. Il ne fut récompensé de sa conduite que dans le courant de l'année 1372. Le 8 mars de cette année, Charles V, « considerans les très grans et notables services que nostre très chier et très amé cousin le comte de la Marche nous a fais et fait chascun jour ou fait de nos guerres et autrement en pluseurs manieres, et que, en gardant sa loiaulté envers nous et en nous recognoissant son droiturier et souverain seigneur, il a mis ses chasteauls, forteresces, lieux et païs qu'il tient et possede, de son droit et heritage, ou duchié de Guienne, en nostre vraye subjecion et obbeissance, et en a fait et fait guerre contre nos adversaires d'Angleterre, » lui fait don de tous les fiefs et arrière-fiefs du comté de la Marche qui peuvent avoir encouru la confiscation et l'autorise à s'en emparer lui-même par autorité royale[6].

1. Celle de Louis de Malval est donnée par procuration le 8 juin et celle de Raymond de Mareuil le 29. (*Froissart*, éd. Luce, t. VII, p. LXXXVII.)

2. *Compte d'Étienne Valée, maître de la chambre aux deniers du duc de Berry* : « A..., messagier mons' de la Marche, lequel pourta letres à Monseigneur de par ledit mons' de la Marche, pour don de mondit seigneur fait oudit messagier, le ve jour dudit mois, pour s'en retourner par devers sondit maistre, XL sous tournois. » (Arch. nat., KK 251, fol. 26 v°.)

3. *Compte d'Étienne Valée* : « A Vitu, messagier de Monseigneur, encore ledit XIIe jour d'aoust, pour porter letres de par mondit seigneur au conte de la Marche, XX sous tournois. » (Arch. nat., KK 251, fol. 39 v°.)

4. *Compte d'Étienne Valée* : « A mondit seigneur, comptant en sa main ledit jour, pour joner à la paume avec mons' de la Marche, IIII livres tournois. » (Arch. nat., KK 251, fol. 18 r°.)

5. Ce procès-verbal a été publié par Émile Ruben dans l'*Almanach limousin* de 1869.

6. Arch. nat., JJ 103, pièce 201.

Le 18 avril suivant, le roi fixa à 3,200 francs d'or la somme due au comte de la Marche pour ses gages et ceux des hommes d'armes de sa compagnie qui avaient servi avec lui sous l'ordonnance du duc de Bourbonnais et du connétable de France depuis le commencement de la guerre; il lui reconnut, en outre, le commandement de quatre-vingts lances, dont quarante pour la garde de son comté et quarante sous l'ordonnance du duc de Bourbonnais, qui devaient être entretenues jusqu'à nouvel ordre aux frais du trésor royal[1].

Plusieurs des vassaux du comte de la Marche n'avaient pas attendu l'exemple de leur seigneur pour se rallier à la cause française. Ils avaient compris avant lui qu'en associant hardiment leur fortune à celle de Charles V, ils feraient à la fois de bonne politique et de bonnes affaires. Nous avons vu ce que Froissart raconte de Louis de Malval, et l'on peut juger par son témoignage de l'importance du rôle que joua alors ce grand baron marchois, que Charles V sut royalement récompenser[2]. Mais, avant Louis de Malval, deux autres seigneurs de cette même province avaient été les agents zélés et discrets de la France et avaient su lui gagner des sympathies qui n'allaient pas tarder à éclater au grand jour : je veux parler de Louis de Saint-Julien[3], dont Froissart a célébré les exploits guerriers, et de Trouillard de Magnat[4], dont le nom n'a pas le même éclat, qui donnèrent conjointement quittance, le 20 février 1369, de 2,000 francs d'or que

1. L. Delisle, *Mandements de Charles V*, p. 451.

2. L'adhésion est donnée, le 8 juin 1369, au nom de Louis de Malval, par frère Gui de Moriac, chevalier de Saint-Jean de Jérusalem, et par Guillaume de Lussac, qui s'engagent en outre, en leur nom personnel, « a estre bons, vraiz et loyaus au roy, » sous peine d'être réputés traîtres et parjures. Notons en passant que ce Gui de Moriac servait la France en 1368 avec Louis de Brosse et cinq écuyers, comme le constate une montre passée à Saulieu le 1er mars de cette année. (P. Anselme, t. V, p. 171.) Par lettres datées de Paris, juin 1369, Louis de Malval reçut du roi un don de 500 livres de rente à héritage, qui devaient lui être assignées dans un délai de trois ans, avec jouissance annuelle de 1,000 francs sur le trésor jusqu'à ce que l'assignation eût été faite. (Arch. nat., JJ 100, pièce 75.) D'autres lettres, datées du mois suivant, portent la rente à 1,000 livres, et lui assignent en déduction la seigneurie de Metz-le-Maréchal (Ibid., pièce 459); pour parfaire la rente, le roi lui donna, au mois de janvier 1370, la seigneurie de Château-Landon (Ibid., pièce 402); enfin, le 4 mars 1370, il reçut en outre la seigneurie de Gençay, confisquée sur un chevalier du pays de Galles. (Ibid., pièce 472.)

3. Louis de Saint-Julien avait fait hommage au prince de Galles, en 1363, pour la seigneurie de Saleron, dont nous ignorons la situation. (Delpit, *Collection*, p. 44.)

4. Trouillart de Magnat appartenait à la famille des seigneurs de Magnat, cant. de la Courtine, Creuse. Il était vraisemblablement le beau-frère d'Aubert de Montvert. (Cf. *Pièces just.*, VI.)

Charles V leur faisait payer « pour certaines grans et secretes besongnes touchans le bien et prouffit du roy et du royaume[1]. » Il ne faut pas chercher longtemps à quelles besognes ils avaient été employés, quand on voit toutes les adhésions que la cause de Charles V a trouvées dans la Marche pendant l'année 1369 et les premiers mois de l'année suivante. A la suite de Louis de Malval, on voit marcher André de Chauvigny[2], seigneur de Châteauroux, vicomte de Brosse, qui possédait dans la Marche l'important château de Dun-le-Palleteau, où le duc de Berry et le comte de la Marche se rencontrèrent le 16 août 1370[3], Jean de Maleret[4], Jean de Rochefort, sire de Châteauvert, dont nous avons déjà parlé[5], Perrin Potet[6], Jean de Lupchat[7], Jean de la Celle[8], Aubert, seigneur de Montvert[9], et son frère Pierre[10], Jean Émoin[11], Aubert de Tinière[12] et Gui d'Aubusson[13]. Les

1. *Froissart*, éd. Luce, t. VII, p. XLVIII, n. 3.
2. *Froissart*, éd. Luce, t. VII, p. LXV, n. 4.
3. *Froissart*, éd. Luce, t. VII, p. CII, n. 1; cf. ci-dessus, p. 9.
4. *Pièc[illegible]st.*, I.
5. Adhé[illegible]on du 2 novembre 1369, identique pour les formules à celle de Perrin Potet, que nous publions in-extenso, *Pièces just.*, II. (Arch. nat., J 642, cote 16, n° 3, original; le sceau, très endommagé, n'est pas reproduit par Douët d'Arcq.)
6. *Pièces just.*, II.
7. Adhésion du 2 novembre 1369, identique à celle de Perrin Potet, par « Jehan de Lupchac, escuier du païs de Guienne. » (Arch. nat., J 642, cote 16, n° 18; cf. Douët d'Arcq, *Sceaux*, n° 2633.) — La famille *de Luchapt* (c'est ainsi qu'écrivent ses représentants actuels) tire son nom de Luchat, comm. de Tardes, cant. de Chambon, Creuse.
8. Adhésion du 8 novembre 1369, identique à celle de Perrin Potet, par « Jehan de la Selle, escuier du païs de Guienne. » (Arch. nat., J 642, cote 16, n° 17; cf. Douët d'Arcq, *Sceaux*, n° 3597.) — La famille *de la Celle*, encore subsistante, tire son nom de la Celle-Dunoise, cant. de Dun-le-Palleteau, Creuse.
9. *Pièces just.*, IV.
10. *Pièces just.*, VIII.
11. *Pièces just.*, V.
12. *Pièces just.*, III et VI.
13. *Pièces just.*, VII. — A cette liste, il faudrait ajouter Plotard de Cluis, seigneur de Briantes, Indre, d'après Siméon Luce, *Froissart*, t. VII, p. LXXVIII, n. 3. Siméon Luce résume une donation du roi de France, datée du 16 juillet 1369, en faveur de ce seigneur, lequel déclare avoir mis en l'obéissance de Charles V son château de *Flach* et « un autre sien chastel appellé *Sodun-sur-Creuse.* » Siméon Luce n'identifie pas *Flach*, mais il croit que *Sodun-sur-Creuse* est Issoudun, cant. de Chénérailles, Creuse, dans le comté de la Marche. C'est certainement une erreur. M. P. Guérin a publié in-extenso la pièce résumée par Siméon Luce dans les *Arch. hist. du Poitou* (1886), t. XVII, p. 376. Il lit, avec le manuscrit, Plotart *de Pleux*, sans faire d'observations; la comparaison avec deux pièces du même registre du Trésor des chartes (JJ 100, n°s 107

villes de la Marche avaient sans doute trop peu d'importance pour qu'on ait recherché leur concours : Guéret n'avait pas encore d'organisation communale; d'Aubusson, de Felletin, de Bellac, de Chénévailles, d'Ahun et des quelques autres qui étaient administrées par des consuls, nous ne savons rien. Toutefois, nous ne sommes pas tout à fait sans renseignements sur le rôle du tiers-état et sur celui du clergé, puisque nous savons que les bourgeois et le chapitre du Dorat avaient, d'un commun accord, adhéré à la cause française dès le mois de juin 1370, c'est-à-dire avant la cité de Limoges elle-même[1].

Assurément, la noblesse, le clergé et la bourgeoisie du petit pays de la Marche ne durent pas peser bien lourd dans la balance de la destinée, quand Charles V se fut résolu hardiment à jouer sa dernière partie contre l'Angleterre. Mais toutes ces bonnes volontés de la première heure, qui se groupèrent si vite autour de lui, lui furent un précieux encouragement et contribuèrent à lui donner confiance dans le succès final de sa politique. En tout cas, il n'oublia pas que la Marche faisait partie de la Guyenne et avait été cédée au roi d'Angleterre par le traité de Brétigny[2]. J'espère que nos historiens et nos géographes nationaux s'en souviendront aussi à l'occasion.

et 108), que Siméon Luce avait signalées et auxquelles M. P. Guérin n'a pas songé à se référer, montre qu'il faut corriger *Pleux* en *Cleux*, et qu'il s'agit bien de Plotart de Cluis, beau-frère de Louis de Malval. Mais M. P. Guérin a raison de repousser l'identification de *Sodun-sur-Creuse* (ou *Issodum-sur-Croze*, comme porte la pièce JJ 100, n° 108) proposée par Siméon Luce ; il s'agit d'*Issoudun*, comm. de Tournon-Saint-Martin, Indre, dans le ressort de la sénéchaussée de Poitou. Quant à *Flach*, qui est écrit *Fleet* dans JJ 100, n° 108, c'est probablement, comme le dit M. P. Guérin, le château de *Fleix*, comm. de Brig[illegible]il-le-Chantre, Vienne, et non *Flayat*, cant. de la Courtine, Creuse, comme on pourrait le supposer. Notons cependant que Plotard de Cluis, comme gendre de Dauphin de Malval, pouvait posséder quelque fief dans la Marche.

1. *Ordonn.* IX, 123.

2. Le souvenir du temps où la Marche faisait partie de la Guyenne s'était conservé à Bordeaux jusqu'à la veille de la Révolution. M. l'abbé Dardy a publié une curieuse correspondance entre la noblesse de Bordeaux et la noblesse de la Marche, où la première invite la seconde à s'associer à elle pour demander au roi la création d'États de Guyenne. Mais les nobles de Bordeaux invoquent à tort le traité de Paris de 1259, qui ne vise pas la Marche, et ils oublient le traité de Brétigny. (*Mém. de la Soc. des sciences naturelles et archéologiques de la Creuse*, t. VIII, p. 476 et suiv.)

PIÈCES JUSTIFICATIVES.

I.

1369, 5 septembre, Sainte-Catherine près Rouen. Don à Jean de Maleret de 100 livres de rente sur la confiscation de feu Aimeri de La Rochefoucauld.

Charles, etc. Savoir faisons a tous presens et avenir que nous, eue consideracion a ce que nostre amé Jehan de Maleret[1], qui avoit et tenoit certaines terres, rentes et revenues ou pays de Guienne, a perdu ycelles terres et les a donnees Edwart d'Angleterre, ainsné filz de Edwart d'Angleterre, pour cause de ce que ledit Jehan a tenu et tient nostre parti contre ledit Edwart; eu aussi regart aux bons et aggreables services que led. Jehan nous a faiz et esperons qu'il nous face en nos presentes guerres..., a yceluy Jehan avons donné... cent livres de rente... a avoir et prendre sur la terre et ses appartenances, que feu Aymeri de la Rochefoucaut avoit et tenoit..., laquelle terre est appellee la terre de Vaux[2] et siet en Bourbonnois, en la chatellenie de Montluçon[3] ou de Heriçon[4]... Donné en l'abbaïe de Sainte-Katerine sur Rouen, le ve jour de septembre l'an de grace mil CCC LXIX et de nostre regne le VIe. Par le Roy, J. Tabari.

(Arch. nat., JJ 100, pièce n° 107.)

II.

1369, 8 novembre, Paris. Appel de Perrin Potel, écuyer, contre les excès du prince de Galles.

A tous ceulx qui ces lettres verront, Perrin Potet[5], escuier du païs

1. Famille qui tire son nom de Malleret, cant. de Boussac. Le même seigneur, appelé *de Mailleret*, fait hommage à Charles V de 100 livres de rente sur le trésor, le 6 sept. 1369. (Arch. nat., J 642, cote 16, n° 19, original.) Il est appelé *de Malaret* dans une lettre missive du comte de la Marche, dont il était chambellan et auprès duquel il se trouvait à Aubusson, le 25 mars 1369. (Arch. de la Creuse, H 286.) Il servait en Flandre, comme chevalier, sous le duc de Berry en 1383. (Demay, *Inv. des sceaux de la collect. Clairambault*, 5601.)
2. Vaux, cant. de Montluçon.
3. Le ms. porte : *montlincon*.
4. Chef-lieu de cant., Allier.
5. Perrin Potet était seigneur d'Étansannes, comm. de Saint-Chabrais, cant. de Chénérailles, Creuse. Il avait épousé Huguette de Maleret, probablement la sœur de Jean de Maleret. Il mourut entre 1391 et 1395. Les principales pièces des archives du château d'Étansannes ont été copiées au siècle dernier par Dom Col. (Bibl. nat., lat. 9196, p. 580.)

de Guienne, salut. Savoir faisons que nous, ayans[1] en memoire les grans griefs, oppressions et dommages que Edduart d'Angleterre, ainsné filz de Edduart d'Angleterre, a faiz a noz hommes et subjez en imposant subsides et gabelles sur noz terres et hommes dessus diz, de fait et contre raison, senz les vouloir rappeller et mettre a estat deu, et pour ce recongnoissans, ainsi que faire devons, a cause du ressort de la duchié de Guienne, en nostre souverain seigneur le roy de France, avons appellé par devant lui et a sa court de parlement contre ledit Edduart, ses genz et officiers, et nous et noz hommes, chastiaux et forteresses avons mis et mettons a son obeissance, et promettons par la foy de nostre corps en fait (*sic*) de gentil homme a tenir le parti du roy de France, nostre dit souverain seigneur, contre ledit Edduart et tous autres ses alliez, et bailler, ouvrir et livrer liberalement toutes noz forteresses et chastiaux aus genz d'armes et autres du roy nostre dit souverain et seigneur et toutefois que mestier sera et qu'il le requerront et leur donner aide, conseil et confort par toutes voies et manieres que faire le pourrons, sur peine d'estre reputez faulx mauvais traitre et parjure escuier. En tesmoing de laquelle chose nous avons seellé ces lettres de nostre seel. Donné a Paris, le VIIIe jour de novembre l'an mil CCCLXIX.

(Arch. nat., J 642, cote 16, n° 14, original; cf. Douët d'Arcq, *Sceaux*, n° 3288.)

III.

1369, 8 novembre (?), Paris (?). Adhésion d'Arbert de Tinière à l'appel du comte d'Armagnac contre les excès du prince de Galles.

A touz ceulx qui ces lettres verront, Arbert, sire de la Courtine[2], salut. Comme je, pour moy et pour mes adherens et voulanz adherdre en ceste partie, aye[3] adhers a l'appellacion du conte d'Armignac faite par luy contre le prince de Gales, duc de Guyenne, par devant le roy de France, mon souverain seigneur, a cause du ressort de la duchié de Guienne et a sa court de parlement, et appellé de nouvel par devers mondit souverain seigneur contre le prince et duc dessus dit de pluseurs griefs et oppressions que il et ses genz et officiers m'ont fait indeuement et contre raison, savoir fais que j'ai promis et promet par la foy de mon corps et par mon serement, touchees les saintes euvangilles, de non advouer autre souverain seigneur a cause dudit ressort que mon dit souverain seigneur le roy de France et que je poursuiray madite adhesion et appellacion par devers le roy mondit souverain seigneur ou en sadite court de parlement et a ycelle adhesion et appellacion ne renonceray en aucune maniere ou par quelconque cause que ce soit

1. Le ms. porte : *auons*.
2. Cf. *Pièces just.*, VIII.
3. Le ms. porte : *ayes*.

sans la licence et exprés commandement du roy de France, mondit souverain seigneur; et ou cas que je feroye le contraire, je veuil et consens par ces presentes estre reputé et tenuz en tous lieux pardevant toutes genz et personnes faulx traitre, parjure et mauvaise personne. En tesmoing de ce j'ay mis mon seel a ces presentes donnees a Paris le (*en blanc*).

(Arch. nat., J 642, cote 16, n° 1, original; cf. Douët d'Arcq, *Sceaux*, n° 3674.)

IV.

1370, janvier, Paris. Don à Aubert, seigneur de Montvert, de 200 livres de rente perpétuelle et de 400 francs d'or pour une fois.

Charles, etc. Savoir faisons a tous presens et advenir que nous, en consideracion et regart a ce que nostre amé et feal Aubert, seigneur de Montvert[1], chevalier du païs de Guyenne, est venus de sa bonne volenté a nostre obeissance en nous recognoissant son souverain seigneur et mettent .II. forteresses qu'il a, c'est assavoir Montvert et Mengnac[2], a nostre dite obeissance, et que pour cause de ce sadite terre a esté et est toute gastee et destruite par noz ennemiz, et avecques [ce] a convenu qu'il garde a ses despens ses dites .II. forteresses de nozdis ennemis, si comme a II ou a III lieues, car autrement elles eussent esté en aventure d'estre perdues, sans ce que il ait eu aucune aide de nous, si comme il dit, a icellui chevallier, en recompensacion de ces choses, avons donné et ottroyé, donnons et ottroions... perpetuelment IIc l. t. de rente et IIIIc frans d'or pour une foiz a avoir et prandre ycelles deux cenz livres de rente a heritage ou lieu ou lieux et selonc l'assiete qui sur ce lui sera faite de nostre commandement oudit païs de Guienne ou ailleurs, et les IIIIc frans selon ce que nous les lui assignerons a prandre pour une foiz... Et afin que soit, etc. Sauf, etc. Donné a Paris, l'an de grace mil CCC LXIX et de nostre regne le VIIe, ou mois de janvier. Ainsi signees : Par le Roy, J. TABARI. Visa.

(Arch. nat., JJ 100, pièce 863.)

V.

1370, 7 mars, Paris. Don à Jean Émoin des biens confisqués de Jean de Janaillat.

Charles, etc. Savoir faisons a tous presens et avenir que comme

1. Montvert, château disparu, comm. de Magnat, cant. de la Courtine (Creuse). (Cf. *Pièces just.*, X.) Aubert de Montvert avait épousé Jeanne de Magnat, vraisemblablement la sœur de Trouillart de Magnat dont il a été question ci-dessus, p. 10. Sur son fils Trouillart de Montvert, qui joua un rôle régional sous Charles VII, voy. mes *États provinciaux de la France centrale*, I, 342.

2. Magnat, cant. de la Courtine, Creuse, souvent dit Magnat-Lestrange, du nom de la famille qui le possédait en 1789.

nostre amé et feal chevalier Jehan Emoyn[1] nous ait bien, loyalment et longement servi, tant ou fait de nos guerres es parties de Limosin comme en certeinez messages et rappors qu'il a faiz de nos ennemis a l'onneur et pourfit de nostre royaume, ainsy comme de ce nous somez souffisamment enformez par personnes dignes de foy, et pour cause desdis messages et rapors lesdis nos ennemis aient ledit chevalier, tant de ses terres et heritages comme de ses biens muebles, dommagié tres grandement, si comme il dit, nous, considerans les choses dessus dites et que ledit chevalier nous sert continuelment de jour en jour et esperons qu'il et les syens nous servent encor ou temps avenir, tant pour ce comme en recompensacion desdites pertes et dommages, avons donné... audit chevalier... toutes les terres que Jehan de Genoilhac souloit avoir, tenir et posseder a Genolhac[2] et en quelconques autres lieux en la conté de la Marche et es parties de Limosin... lesquelles, si comme ledit chevalier afferme, valent chascun an communement IIII^xx lb. tournois ou environ et non plus, et nous appartiennent comme confisquees et acquises pour ce que ledit Jehan de Genoilhac, alors tenent lesdites terres et estant en nostre obeissance avant la pais faite darriennement entre nous et Edouart d'Angleterre, nostre aversaire et ennemi, nous renia et se tourna de la part des Anglois et fit guerre et pluseurs mals et dommages en nostre royaume, combien que depuis il delaissat le service dudit Edouart et de Edouart son aisné fils et se meist en la compaignie des Bretons, pour laquelle chose ledit aisné fils donna de fait lesdites terres a Leonnet de Pennevaire, escuier anglois, lequel les occupe a present... non obstant que nagaires nous ayons donné audit chevalier deux c francs d'or et tous autres dons a lui fais par nous ou nos predecesseurs[3]... Donné a Paris, en nostre hostel les Saint-Pol, le VIIe jour de mars[4] et de nostre regne le VIe. Par le Roy, J. DE SAINT-MARTIN. Visa.

(Arch. nat., JJ 100, pièce 419.)

VI.

1370, décembre, Paris. Don à Aubert (Arbert) de Tinière des biens confisqués de Simon de La Chassagne.

Charles, etc. A tous presens et avenir, salut. Nous avons receu l'umble requeste de nostre amé et feal Aubert de Tiniere, le aisné,

1. Famille encore subsistante, qui écrit son nom *Esmoingt*. Jean Émoin était seigneur de la Vaublanche, comm. de Saint-Éloy, cant. de Pontarion, Creuse.
2. Il ne s'agit pas de Genouillat, dont il a été question ci-dessus, p. 6, mais de Janaillat, cant. de Pontarion, Creuse.
3. Il est évident, d'après les termes de cette donation, que Jean Émoin a été, comme Louis de Saint-Julien et Trouillard de Magnat, un agent secret de Charles V.
4. L'indication de l'année a été passée par le scribe.

chevalier, sire de la Courtine[1], du duchié de Guienne, contenant comme pour nous estre bon et loyal obeissant et faire son devoir envers nous il se soit tournez et mis en nostre obeissance et soit adherens aux appellacions faites pour noz bienveillans du païs de Guyenne et ait fait et fait de jour en jour a ses propres despens et missions grant guerre a noz ennemiz oudit païs de Guyenne et ait bien perdu les revenues de IIIᶜ livres de rente et plus qu'il avoit et a en icellui païs, dont il ne puet joïr, si comme il dit, mais li ont noz ennemis, qui sont logiés en sept forteresses dedans III lieues de sa terre, prins et tuez ses hommes et courru et mis a feu partie de sa dite terre, et en continuant nostre dite guerre ait esté son filz prins de noz ennemis en la cité de Limoges en la compaignie de nostre amé et feal conseiller l'evesques de Limoges[2], son oncle, et n'ait de quoy rançonner son dit fil sans nostre ayde, et Symon de La Chassengne, seigneur du chastel de Mirabel[3], se soit rendu apertement nostre ennemi en faisant guerre a tous noz bienveillans et tiengne le parti de Eddouart d'Angleterre et ait porté et porte chascun jour audit suppliant et a tous autres nos bienvueillans grans pertes et dommages, en laquelle guerre faisant il s'est rendus ennemis de nous et de nostre royaume en commettant crime de leze majesté, et pour ce nous sont tous ses biens... fourfais, confisqués et acquis, il nous plaise aux causes dessus dites donner audit suppliant toute ladite fourfaiture. Savoir faisons... Et n'est pas de notre entencion que se les biens et choses dessus dites revenoient audit Symon de La Chassengne ou a autres, que il ne demourassent audit Aubert de Tiniere, que nous en soiens tenuz a luy, ses hoirs ou successeurs pour ce faire aucune recompensacion. Et que ce soit, etc. Donné a Paris, en nostre hostel de S. Pol, ou moys de decembre en l'an de grace mil CCC soixante et dix et de nostre regne le septime. Ainsi signee : Par le Roy, J. VILLERS. Visa.

(Arch. nat., JJ 100, pièce 855.)

1. Cf. *Pièces just.*, V. Aubert ou Arbert de Tinière, sire de la Courtine (chef-lieu de cant., Creuse), fut chargé, par le duc de Berry, d'occuper avec des gens d'armes l'abbaye de Bonnaigne, Corrèze; il toucha pour ce des gages le 17 mars 1371 (Arch. nat., KK 251, fol. 24 vº). Il était mort avant le 6 mai 1372, date où Aubert, son fils aîné, obtint de nouvelles lettres royaux confirmant la donation de décembre 1370. (Arch. nat., JJ 103, pièce 143.) Un arrêt du Parlement de Paris condamna pourtant ce dernier à rendre Mirambel à la famille de La Chassagne. Furieux, Aubert de Tinière fit alliance avec le célèbre routier Geoffroi Têtenoire, qui vint ravager Egletons et Mirambel, appartenant à Hugues de La Chassagne. Le Parlement, par sentence du 9 septembre 1385, condamna, par défaut, Tinière à la confiscation et au bannissement. (Arch. nat., X²A 11, fol. 193 vº.) La haine entre les Tinière et les La Chassagne remontait à plusieurs générations.

2. Jean de Cros, cousin de Grégoire XI, qui le fit cardinal en juin 1371. Il s'agit du fameux sac de la cité de Limoges par le prince Noir, en septembre 1370.

3. Mirambel, comm. de Saint-Remy, Corrèze.

VII.

1371, 17 janvier, Paris. Don à Gui d'Aubusson de terres confisquées sur Pierre de Maumont.

Charles, etc. Oye l'umble supplicacion de nostre amé et feal Guy d'Aubusson, seigneur de la Borne[1], escuier, contenant que comme, durant nos autres guerrez, feu Guy d'Aubusson, chevalier, son pere, eust esté pris, navrez et emprisonnez par nos anemis en son chastel du Monteil-au-Viconte avec sa femme et ses enfans et eust perduz tous ces biens meubles et fust sa terre gastee et ces subgez destruis, et depuis eust composé avec les anemis en la somme de .III. mille florins, tant pour sa ranson comme pour delivrer sa femme, ces enfens et ces subgiez dessus diz, pour laquelle finance payer ledit feu Guy, confiant a plein de son estat et de toute sa chevance en la personne do Pierre de Malemont[2], chevalier, son neveu, eust prié audit Pierre que il lui pleut a aler a Avignon pour vendre une partie de la terre dudit feu Guy a certeins seigneurs qui avoyent bonne volenté d'acheter ladite terre, lequel Pierre se chargea, comme procureur dudit feu Guy, de faire ledit vendage, et se transporta en Avignon, mais il ne exposa pas ladite terre a vendage, si comme promis l'avoit, pour ce que lui mesmez il la convoitoit a avoir, et par faulte dudit Pierre ledit feu Guy ne pout payer sa raenson au jour qu'il avoit promis, pour quoy les anemis, de ce indignez, destruisirent ladite terre et firent assez plus de griefs et de dommage en ladite terre que il n'avoyent fait paravant, et en furent ledit feu Guy et ses subgiez tres grandement dommagiez, et finablement ledit feu Guy morut prisonnier; après la mort duquel, soubz umbre d'un certain achat que ledit Pierre se disoit avoir fait dudit feu Guy, dont ledit suppliant ne scet rien, icelui de Malemont induit ou fit induire malicieusement la femme dudit feu Guy et feu Loys d'Aubusson, lors mandre d'aage, frere dudit suppliant, a ratifier le vendage de .IIII. cens livres de rente que ledit Pierre se disoit avoir achaté de la terre dudit feu Guy, par vertu de laquelle ratifficacion ledit Malemont de son autorité, par sa puissance et de fait occupa .IIII. cens livres de rente et plus, ou fit occuper, de la terre dudit Loys, c'est a savoir en la chastelerie de Fauvez[3] et autre part en la conté de la Marche, auquel

1. La Borne, comm. de Blessac, cant. d'Aubusson, Creuse.

2. Pierre de Maumont s'étant par la suite rallié à Charles V recouvra ses biens; mais au moment de la chevauchée du duc de Lancastre, à la fin de 1373, il revint au parti anglais, et, par lettres du mois de mars 1374, le roi de France confirma à Gui d'Aubusson le don qu'il lui avait fait le 17 janvier 1371. Le texte de ces dernières lettres, qui reproduit en grande partie le nôtre, a été publié par M. Clément-Simon, *la Rupture du traité de Brétigny*, p. 105.

3. Châtellenie dont le centre était Faux-la-Montagne, cant. de Gentioux, Creuse, dite autrement de la Feuillade. Le texte de 1374 porte *Sannes*, où

Loys, qui est [alé] de vie a trespacement senz hoir de son corps, ledit suppliant a succedé et c'est porté pour heritier seul et pour le tout; pour lesquellez causes nous, par nos autres lettres, aions restitué en entier ledit suppliant a ces dites terres et a les demander et pourchassier, non obstans lesdits vendages et contraulx fraudeleux, si comme en nosdites lettres est plus a plein contenu, et il soit ainsi que ledit de Malemont, qui a tenu et encor tient la partie de Edouard d'Angleterre et du prince de Galez, nos ennemis, et par ce nous seroient aquisez et confisquecz lesdites terres, se ellez appartenoient audit de Malemont, tiegne et occupe a present lesditez terres et appartenances, qui de tout temps on[t] esté au[s] predecesseurs dudit suppliant, lequel a esté tres grandement dommagiez et sa terre destruitte par nos annemis pour venir darrenierement a nostre obeissance, et si a bonne volenté de nous bien et loyalment servir, si comme il dit, a iceluy suppliant pour luy, ces hoirs et ayans cause de luy, pour consideracion des choses dessus dites et aucune recompensacion des pertez et dommagez qu'il [a] soustenu par nostre dit service, avons donné et octroyé... tout le droit... que ledit Malemont avoit et povoit avoir es terres dessus dites et les appartenances et tout le droit qui nous est acquis en icellez et nous peut appartenir pour les causes dessus dites. Si donnons en mandement a nostre amé et feal cousin le conte de la Marche, de qui lesdites terres meuvent, et a ces gens et officiers et a tous nos officiers et autres justiciers et subgés... Donné a Paris, le XVIIe jour de janvier, l'an de grace mil III^{c} LXX et de nostre regne le VIIe. Par le Roy, J. TABARI.

(Arch. nat., JJ 100, pièce 679.)

VIII.

1471, 22 janvier, Paris. Don à Pierre de Montvert de 300 livres de rente confisquées sur différents seigneurs rebelles.

Charles, etc. Savoir faisons a tous presens et avenir que nous, considerans les bons et aggreables services que nous a fais nostre amé Pierre de Montvert[1], escuier, du païs de Guyenne, en lui mettant de sa bonne volenté en nostre obeissance comme vray subget de nous et de la couronne de France et autrement, ainsi qu'il nous a esté relaté, et esperons qu'il nous face ou temps avenir, voulans icellui recompenser en aucune partie afin que tousjours il ait meilleur cause de continuer en nostre service, a icellui escuier avons donné... soixante livres de rente ou environ assisez oudit païs de Guienne, lesquelles LX livres de rente feu Gaillarde de Monclar, jadis femme de Aymar, seigneur de Barmont[2], chevalier, donna en sa derraine volonté audit chevalier son

M. Clément-Simon a cru reconnaître le village de Sannes, comm. de Mautes, cant. de Bellegarde, Creuse.

1. Sur la famille de Montvert, voy. *Pièces just.*, IV.

2. Barmont, comm. de Mautes, cant. de Bellegarde, Creuse.

mary, ainsi comme il appert par son testament, et icelles apres ce Helies de Nouailhes, heritier de ladite dame, osta audit chevalier par la puissance du prince de Gales, nostre ennemi, toutesvoies ledit Aymar les quitta et transporta perpetuelment a nostre amé et feal Aubert, seigneur de Montvert, et apres ce ledit Aubert les quitta et transporta audit Pierre de Montvert, son frere,... Et avecques ce avons donné et donnons audit escuier... toute la terre que ledit Helies de Nouailhes[1] et Guillaume Bernart d'Aubenmoutier[2] et leurs femmes ont et tiennent a present en nostre dite obeissance de leurs predecesseurs ou pour avenement d'icelle Gaillarde..., c'est assavoir a Chambre[3], Monclar[4] et leurs appartenances... Et oultre encore avons donné et donnons audit escuier et a ses hoirs tout ce que Guillaume de la Bachelerie, son pere, et les hoirs de feu Rampnoux de Ribairés, Jourdain Martin de Colombi et son frere et leurs femmes ont et tiennent en ladite duchié de Guienne a nous appartenant et confisquez... lesquelles choses, oultre les LX livres lesquelles ledit escuier dit a lui appartenir... se puent monter a la somme de III^c livres de rente... Si donnons en mandement au seneschal de Lymosin qui est ou sera... Donné a Paris, le XXIIe jour de janvier l'an de grace mille CCC LXX et de nostre regne le VIIe. Ainsi signées : Par le Roy, J. Tabari. Visa.

(Arch. nat., JJ 100, pièce 865.)

IX.

1371, 28 décembre, Paris. Restitution au duc de Bourbon de l'hommage du comté de la Marche.

Charles, etc. Nostre bien amé et feal frere le duc de Bourbonnois nous a humblement exposé que comme nostre tres chier seigneur et ayeul dernier trespassé, dont Dieux ayt l'ame, eust ou temps qu'il vivoit fait grace a nostre tres chier et bien amé cousin Loys de Clermont, duc de Bourbonois, que il peust[5] et a luy appartenist[6] de bailler en appanage a fu Jacques de Bourbon, nostre cousin, son meinsné[7] fil, jusques a 5,000 livres p. de terre tant en son païs [et] duché de Bourbonnois comme en autres terres qu'il avoit ou royaume, lesquelles il vouloit estre tenues en foy et homage dudit duc de Bourbonois, nostre cousin, et de [se]s successeurs ducs de Bourbonois par ledit Mr Jacques, nostre cousin, son fils, et ses heritiers, non obstant qu'elles fussent sans moyen tenues de luy, et il soit depuis avenu que depuis

1. La confiscation des biens d'Hélie de Nouailles fut rapportée par le roi à la demande du pape, dont ce seigneur était cousin, le 25 juillet 1371 (Baluze, *Hist. Tutelensis*, app. col. 725).
2. Eymoutiers, chef-lieu de cant., Haute-Vienne.
3. Chambres, comm. du Vigean, Cantal.
4. Montclar, comm. d'Anglars-de-Salers, Cantal.
5. Le ms. porte : *puet*.
6. Le ms. porte : *apparlenu*.
7. Le ms. porte : *mesme*.

[pour] ledit appanage ait esté baillé audit feu Jacques, nostre cousin, la conté de la Marce et plusieurs autres terres que ledit duc de Bourbonnois avoit et tenoit ou royaume, lesquelles, parmi ce que dit est, doyent estre tenues de nostre dit frere duc de Bourbonois et de ses successeurs, et ce non obstant parmi le traitié fait ja pieça avec le roy d'Angleterre le conte de la Marce, nostre cousin, qui est a present, fit homage de ladite comté au prince de Gales, et despuis pour la nouvelle guerre ledit nostre cousin le comte de la Marce nous ait fait d'icelle mesme comté le homage apartenant audit nostre frere, si comme il dit, en [*ms.* et] nous suppliant luy pourvoir sur ce et luy mettre en delivrance ledit homage; si avons commis et enchargié a nostre bien amé le cardinal de Biauvés, nostre chancelier, a savoir et voir tout le droit et lettres que nostre dit frere se dit avoir sur ce et le nous raporter pour en ordener et pourvoir a nostre dit frere par la meilleure maniere que il se pouroit bonnement faire, sy a vehu ledit cardinal, nostre chancelier, les lettres et tout ce que nostre dit frere luy a voulu monstrer sur ce et, en outre (?) le rapport qu'il nous a fait sur ce, nous avons fait venir nostre dit cousin le comte de la Marce en nostre presence et lui avons demandé se il avoit cause que il ne deust faire ledit homage a nostre dit frere et que nous ne le [*ms.* la] lui deussions delivrer, lequel nous a respondu que non; pourquoy oy et veu le rapport de nostre dit chancelier et aussy la responce de nostre dit cousin le conte de la Marche, avons delivré et delivrons tout a plain ledit homage de ladite comté de la Marche a nostre dit frere le duc de Bourbonnois et a ses hoirs et successeurs, tant de ladite comté comme de toutes les autres terres que ledit comte de la Marche dit lui appartenir a cause dudit appenage, parmi ce que nostre dit frere et [ses] successeurs ducs de Bourbonnois les tendront de nous a un homage avecque sa duchié de Bourbonois et autres terres qu'il tient de nous. Si donnons en mandement par ces presentes a nostre dit cousin le comte de la Marche et a ses hoirs et successeurs que ledit homage ils facent a nostre dit frere et successeurs d'ores en avant et quittons nostre dit cousin de l'omage qu'il nous en avoit fait, comme dit est. Donné en nostre hostel de Saint-Pol a Paris, le 28e jour de decembre l'an de grace 1371 et de nostre regne le huitieme. J. DE VERNON[1].

(Bibl. nat., coll. Fontanieu, portefeuille 92-93, fol. 382-385. « D'après la coll. du sr Menant, conservée dans la bibl. des Célestins, t. V, fol. 161, lequel avait tiré sa copie du reg. des foy et homage du comté de Clermont, au 2e fol. » M. L. Delisle donne la cote de cette pièce sous le n° 838 de ses *Mandements de Charles V.*)

1. A la même date, le roi expédia un mandement direct au comte de la Marche à ce sujet; nous en possédons un vidimus fort incorrect de 1453. (Arch. nat., P 1363², cote 1200.) Huillard-Bréholles l'a analysé sous le n° 3205 des *Titres de la maison de Bourbon*, avec la date fausse du 23 décembre.

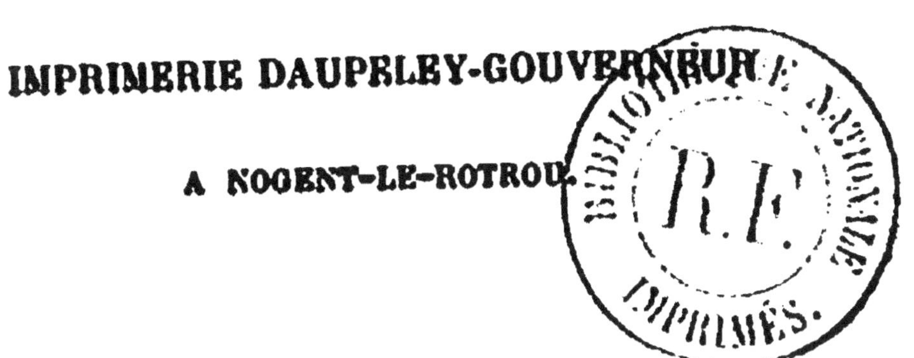

IMPRIMERIE DAUPELEY-GOUVERNEUR

A NOGENT-LE-ROTROU.

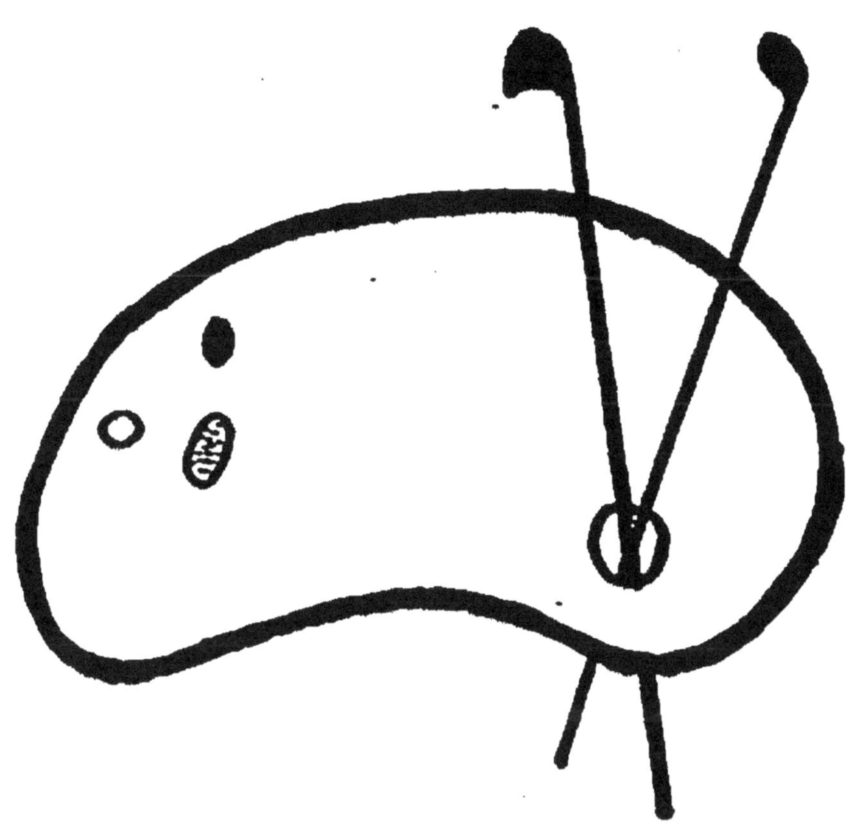

www.ingramcontent.com/pod-product-compliance
Lightning Source LLC
LaVergne TN
LVHW010407240826
846091LV00020B/2832

* 9 7 8 2 0 1 2 9 4 0 0 7 9 *